적
敵

**적敵**
유현미

2022년 2월 21일 초판 1쇄 발행

**지은이** 유현미
**발행인** 조동욱
**편집인** 조기수
**펴낸곳** 헥사곤 Hexagon Publishing Co.
**등  록** 제 2018-000011호 (2010. 7. 13)
**주  소** 경기도 성남시 분당구 성남대로 51, 270
**전  화** 070-7743-8000
**팩  스** 0303-3444-0089
**이메일** joy@hexagonbook.com
**웹사이트** www.hexagonbook.com

ⓒ 유현미 2022 Printed in Seoul, KOREA

ISBN 979-11-89688-77-6  03810

이 책의 전부 혹은 일부를 재사용하려면 저자와 출판회사 헥사곤 양측의 동의를 받아야 합니다.

이 책은 대구예술발전소 전시〈Beyond the Limits〉와 함께 제작되었습니다.

적
敵

유현미

WWW.HEXAGONBOOK.COM

# 차례

| | |
|---|---|
| 입문 | 10 |
| 그럴만한 이유 | 15 |
| 100%의 창작 | 22 |
| 감금 | 29 |
| 중지하지 않는 법 | 37 |
| 적 | 43 |

# 입문

본드 냄새였다.

거대한 컴퍼스 같은 나무 이젤들이 어수선하게 서 있는 미술실.

그 앞을 지나갈 때마다 정신이 아득해지는 것이었다.

중독성 있는 그 냄새에 이끌려 결국은 미술반에 들게 되었다.
가벼운 환각에 빠지는 듯한 기분 때문에 본드일 거라고 생각했던 그것은 테러핀*이라는 유화 물감의 재료라는 것을 나중에야 알게 되었다

---

* 테러핀: 유화물감을 녹일 때 사용하는 기름

첫 번째 그림을 완성했을 때 웅성대는 주변의 환호 소리를 듣고 내게 보통을 훨씬 뛰어넘는 재능이 있다는 것을 알 수 있었다.
나는 열심히 그림을 그렸고 운 좋게도 내가 원하는 미술대학에 무난하게 들어갔다
대학 4년 동안 나는 최선을 다해 열심히 다녔고
졸업하던 해의 겨울에 작은 갤러리에서 첫 번째 개인전을 열었다.

전시 마지막 날, 빈 전시장에 멍하니 서서
작품이 아닌 벽을 바라보고 한참을 서 있었다.
그림은 단 한 점도 팔리지 않았다.
그리고 비평가나 미술 잡지 혹은 신문이나 방송, 기타 매체 등 어느 하나도 내 전시를 관심 있게 보아주거나 보도하지 않았다.
무명작가의 첫 개인전이니 그럴 수 있다.
하지만 오프닝에 가족 친지와 대학 동기들이 몇 명 다녀갔을 뿐 전시장에 관객조차 거의 없을 줄은 예상치 못했던 일이다.
더구나 대학 은사님들 중 어느 한 분도 끝내 오시지 않은 점은 섭섭함을 넘어 충격이었다.
그들은 재학시절 나의 재능을 높이 사며 화가가 될 것을 강하게 종용했었다.
그들은 언제나 나의 작품에 깊은 관심을 보이고 날카로운 비평과 따뜻한 조언, 그 양날의 검으로 나를 단련 시켜 주지 않았던가?
배신감이 든다.

주섬주섬 벽에 걸린 그림들을 대충 포장해서 작업실로 돌아와 그림들을 앵글 위에 정리해 놓고, 소파에 앉아 방명록을 펼쳐보았다.
방명록이라 해봤자 몇 분 안 되지만 그래도 전시에 와주신 고마운 분들의 이름을 차근차근 훑고 있는데 못 보던 한 장의 노란 쪽지가 발견되었다.

'나도 모르게 울고 있었어요.
당신의 작품을 보는 순간 전율하는 감동에 그림 앞을 떠나지 못하고 한참을 서 있었어요.
사람들이 흘끔흘끔 쳐다보는 시선을 느꼈는데
내가 그림 앞에서 하염없이 울고 있었던 것입니다.
이렇게 좋은 그림을 만나게 되어 행운이고 감사드립니다.
작가님의 다음 작품이 벌써 기다려집니다.
A 드림'

A라는 관객이 손발이 다 오그라들 것 같은 과찬의 글과 함께 그녀의 이름 그리고 이메일 주소를 남겼다.
전시 때문에 처참한 심정이었던 내게 그녀가 남긴 쪽지는 은근히 큰 힘이 되었다.
지구상에 내 작품을 진심으로 알아봐 주는 사람이 최소한 한 명은 존재한다는 뜻이다.

A는 그렇게 나의 첫 번째 팬이 되었다.

# 그럴만한 이유

첫 번째 개인전의 처참한 실패를 계기로 나는 그림을 그만두어야 하는가에 대해 심각하게 고민하게 되었다.

나같이 이제 막 세상에 발을 디딘 새내기 예술가를 중도 하차시키는 어려움의 본질은 무엇일까?

그것은 아마도 사람들의 무관심일 것이다.

새내기 작가를 위한 필독서 '예술가여 무엇이 두려운가?'*를 보면 예술가들은 대중의 이런 무관심을 인정하지 않고 차라리 낭만화하고자 하는 유혹을 느낀다고 했다. 그리하여 예술가들은 사람들이 우매해서 자신의 작품을 이해하지 못한다고

---

* ART & FEAR(예술가여, 무엇이 두려운가!), 지은이 데이비드 베일즈, 테드 올랜드, 임경아 옮김, 루비박스 2012

단정 지어 버린다. 자기방어 차원에서 행하는 이런 자위는 낭만적일지는 모르지만 분명 잘못된 방식이며, 대중의 무관심에는 다 그럴만한 이유가 있다는 것이 냉혹한 진실이라고 했다.

그렇다면 무엇을 그려야 대중들의 관심을 받을 수 있는 것일까? 작업실에 앉아 깊은 시름에 잠겨있는 내 머릿속에는 오로지 그 생각뿐이었다.
하지만 아무리 생각해도 사람들이 원하는 것을 알 수 없었다.
고민하며 책장을 뒤적거릴 때 노란색 쪽지가 떨어졌다.
A가 보낸 쪽지였다.
그녀는 진심으로 나의 작품을 이해하고 눈물을 흘렸던 유일한 단 한 명의 관객이었다.
A의 쪽지를 다시 읽어 보는 순간 나는 깨달았다.
예술가는 대중을 따르는 자가 아니고 그들에게 새로운 문을 열어 주는 사람이다.
그녀는 내가 열어준 문으로 들어왔던 관객이다.
나는 나에게 집중해야 한다.
내가 우선 나를 감동하게 하는 그림을 그린다면 분명 다른 이들도 감동할 수 있을 것이다.

우선 나 자신에게 감동을 주는 그림을 그려보자.

내게는 오래전부터 꼭 그려보고 싶은 그림이 있었다.

그것은 70년대에 유행가 '님과 함께'의 가사에서 영감을 받은 것으로 '저 푸른 초원 위에 그림 같은 집을 짓고 사랑하는 우리 님과 한 백 년 살고 싶어.'라는 가사에 나오는 집을 그리는 것이다.

당시 초등학생이었던 나는 그 노래를 들을 때마다 막연한 행복감에 젖곤 했었다.

나는 초원위의 작은 집을 최대한 예쁘고도 달콤하게 그려보고 싶었지만 그리지 못했다.

비평가들이 유치한 풍경화라고 조롱할 것이 두려워서였다.

(언제부터인지 미술계에서 아름다운 그림들은 머리가 텅 빈 미녀 취급을 받고 있다.)


나는 머릿속의 초원 위의 집을 그려 보았다.

집의 모델은 나무로 만들어진 서양식 주택 형태의 저금통이었다.

엄마는 그것을 평생 거실 장식장 중앙에 놓고 애지중지했었다.

그리는 동안 돌아가신 엄마가 많이 생각났다.

그 집은 아마도 그녀가 평생 마음속에 그리는 이상향일 거라 생각했다.

나는 그 노래와 엄마가 꿈꾸었을 마음속의 집을 생각하며 그림을 그렸고, 결과는 내 마음에 쏙 들었다.
엄마가 살아 계셨다면 이 그림을 보여 드리고 싶었지만, 그녀는 이제 내 곁에 없다.

나는 집 그림을 다른 사람들에게 보여주고 싶어졌다.
혹시 나의 첫 번째 팬인 A가 이 그림을 이해 할 수 있을까?
고민하다 나는 A에게 이미지를 메일로 보내 보았다.
이것으로 그나마 하나밖에 없는 팬을 잃게 되는 것은 아닐까?
답 메일이 오기를 초조히 기다렸다.
A는 이렇게 평했다.
"이 집은 어딘가에 분명 존재할 것 같은 아름다운 집이지만 사실은 절대 실재 하지 않는 이상향으로서의 집이네요"
놀랍게도 A는 내가 그린 집의 의미를 100 프로 정확히 간파했다.
이후로 나는 그녀의 작품 보는 혜안을 깊이 신뢰하게 되었다.
A의 강력한 지지에 힘입어 나는 집 시리즈를 꾸준히 그렸고 그것들로 두 번째 개인전을 열게 되었다.

첫 전시의 실패를 교훈 삼아 두 번째 개인전에서는 홍보에 많은 공을 들였다.

미리부터 충분한 양의 초대장을 보내고 인터넷에 작은 배너 광고도 띄웠다.

그리고 언론사에 보내는 보도 자료도 꼼꼼히 챙겼다.

오프닝에서 나는 A를 만나기를 고대했었다.

초대장을 보냈으니 당연히 오리라 생각했지만, 웬일인지 그녀는 나타나지 않았다.

하지만 다음날, 언제 다녀갔는지도 모르게 혼자 슬그머니 전시를 보고는 방명록에 이름을 남겨 놓았다.

우연의 일치인지는 모르지만 같은 날 미술 잡지와 몇 개의 일간지에서도 사람들이 다녀갔다. 그리고 고맙게도 기자들이 내 전시를 그들의 매체에 실어주었다.

나는 A가 뒤에 숨어 열정적으로 나를 돕고 있다고 생각했다.

그녀가 미술 잡지와 신문사에 내 전시를 소개해서 기사를 내준 것 같다.


한 비평가는 내 작품에 대해 이렇게 표현했다.

'푸른 초원을 거닐던 나는 그림 속의 집을 향해 천천히 걸어갔다.

어느덧 집 앞에 다다르고 작은 창문 들여다보는 순간

나는 그녀 안의 깊은 심연을 보았다.'

비평가의 멋진 호평과 방송 매체들의 전시추천에 힘입어 전시장에 관람객이 밀려들었다.
대중들은 작품을 관심 있게 감상하고 갤러리 측에 많은 질문을 했다.
작품에 대해 궁금해하는 관람객들을 위해 갤러리 측에서 전시 마지막 날 아티스트 토크를 마련했다.
관객들은 작가가 어디서 작품의 영감을 받았는지를 제일 궁금해 한다.
대중들은 예술의 탄생에 있어서 뭔가 드라마틱한 서사를 원한다.
나는 그들의 기대에 부응하는 대답을 해주었다.
순진하게 고개를 끄덕이는 관객들의 말간 얼굴을 보자 나는 미안한 생각이 들었다.

솔직히 말하자면 나는 내가 어디서 영감을 얻었는지 알지 못한다.
다만 그 문제에 대해서 나는 필립 로스의 소설에 나오는 인물의 대사에 공감한다.
거기서 화가는 이렇게 말했다.
"영감을 찾는 사람은 아마추어이고, 우리는 그냥 일어나 일을 하러 간다."
이 말은 창작하는 사람들이라면 누구든 충분히 공감되는 말일 것이다.

왜냐하면 예술가에게는 특별한 영감의 원천이 있는 것이 아니고 연속되는 생활 자체가 영감의 원천이기 때문이다.

창작 중독이라 할 수 있는 이런 상태에서는 어떤 하나의 것에서 갑자기 영감을 얻는 것이 아니다. 예술가는 깨어있는 모든 시간, 심지어 꿈꾸는 순간도 끊임없이 아이디어를 생각한다.

# 100%의 창작

두 번째 전시는 성공적으로 마무리되었다.
그에 대해 나는 A에게 감사했다.
그녀가 남겨준 응원의 쪽지가 아니었다면 나는 첫 전시 후 완전히 좌절하여 작가가 되기를 포기해 버렸을 것이다.
그러다 보니 나는 완전히 그녀에게 의존적으로 되었다.
이후로 나는 작품을 완성할 때마다 제일 먼저 A에게 보여주었고 그때마다 그녀는 작품에 대해 신중하고도 밀도 있는 분석을 해주고 열광적인 칭찬으로 나의 의욕을 고무시켜주었다.
이제 나는 숙제를 할 때마다 선생님께 '참 잘했어요.'라는 동그란 고무도장을 받아야 하는 초등학생처럼 작품마다 A에게 검사를 받아야만 안심이 되었다.

집 시리즈의 큰 성공에 고무되어 나는 바로 세 번째 개인전 준비에 돌입했다.

이번에도 새로 테마를 잡아 완성한 첫 작품을 A에게 보내 주었다.

그런데 평소에는 내가 메일을 보내면 그날 바로 답장을 해주던 그녀가 어찌 된 일인지 며칠이 지나도 아무 소식이 없었다. 무슨 일이 있나 하고 걱정하던 차에 일주일이 되는 날 드디어 A에게서 메일이 왔다.

그런데 이번 메일은 이제까지와는 사뭇 다른 태도였다.


"말씀드리기 몹시 죄송한데 이번 작가님의 작품들은 어디선가 본 듯한 느낌이 있어요. 하지만 그건 지극히 '사소한 결점'이니 너무 신경 쓰지는 마세요."

그녀가 지적한 '사소한 결점'은 내게는 절대 사소하지 않았다. 어디서 분명 본 듯한 느낌이라는 말은 내가 혹시 다른 작가의 그림을 카피한 것 아닌가 하는 '독창성에 대한 의심'이기 때문이다.

나는 그녀의 지적에 몹시 기분이 상했다.

하지만 A가 내 작품에 부정적인 조언을 한 것은 이번이 처음인지라 나는 그녀의 의견을 겸허히 받아들여 새 작품 시리즈를 포기했다.

하지만 이후로도 내가 새 이미지를 보낼 때마다 그녀는 삐딱

한 시선으로 이런저런 문제를 제기했다.

그녀의 주장대로 라면, 내 작품은 매번 누구의 작품과 이미지나 컨셉이 비슷하다고 하며 독창성을 의심했다.

나는 그런 의심에서 벗어나려고 그녀에게 새 작품 이미지를 보내기 전에 인터넷을 샅샅이 뒤져 혹시라도 유사한 것이 있나 철저히 확인했다.

하지만 그녀는 기필코 비슷한 무엇인가를 찾아내었다.

미술 분야에서 못 찾는 경우에는 심지어 문학이나 영화 같은 타 분야에서까지 끌어와 비교해 댔다.

그녀의 도를 넘어가는 날 선 비평에 나는 몹시 지쳐갔다.

독창적인 작품은커녕 나는 아무것도 그리지 못했다.

흰 캔버스를 마주하고 있으면 백색 공포증이 밀려왔다.

한동안 그림 그리기를 포기하고 아무 생각 없이 넋이 나간 채 찰흙을 주물렀다.

주무르다 보면 무정형의 흙덩어리조차 누군가의 작품과 비슷한 것 같아 소스라치게 놀라 집어 던졌다.

나는 과거에 보았던 어떤 것을 뇌의 한구석에 각인해 놓았다가, 후에 그것을 나도 모르게 무의식적으로 모방해 내는 것일까?

과연 '100% 완벽한 창작'이라는 것이 가능하기는 한 것일까?

최초의 예술인 알타미라 동굴 벽화도 인간이 자연을 모방하는 데서 시작된 것이다.

모방은 창조의 어머니이며 하늘 아래 새로운 것은 없다고 아리스토텔레스가 말하지 않았던가?

어느 누구와도 비슷하지 않은 완벽히 독창적인 작품을 만든다는 것은 불가능해 보였다.

이렇게 고민만 해서는 결국 아무것도 못 할 것이다.
ART & FEAR(예술가여, 무엇이 두려운가!)*에서도 예술가는 모든 비평의 두려움에서 벗어나야 한다고 했다.
나는 나를 믿어야 한다.
고민 끝에 나는 A에게 모든 비평을 거절하는 완곡한 메일을 보냈다.
'그동안 제 작품에 대한 많은 조언 감사했습니다.
하지만 이제부터는 제 작품을 다른 작품과 비교하는 것을 정중히 사양합니다.
당신의 비평이 오히려 저의 창작활동을 방해하고 있습니다.
저는 모든 비평에서 자유로운 작업을 하고자 합니다.
하지만 작품비평을 제외한 일상의 대화는 언제든 환영합니다.'

A는 내 메일에 소스라치게 놀라긴 했으나 나의 입장을 충분히 이해했다.
이로써 우리 사이에 작품에 대해서는 말하지 않는다는 불문율이 생겼다.
대신 우리는 영화, 쇼핑, 여행 등에 대해 수다를 떠는 메일을 이어갔다.
달리 만나는 친구가 없이 혼자 작업실에 처박혀 그림만 그려

---

* ART & FEAR(예술가여, 무엇이 두려운가!), 지은이 데이비드 베일즈, 테드 올랜드, 임경아 옮김, 루비박스 2012

대는 나로서는 그녀와의 이메일은 소소한 즐거움이었다.
A는 소박한 성품을 가진 어린 시절의 고향 친구 같이 편안하고 다정했다.
그렇게 몇 달이 조용히 지나갔다.

그런데 한동안 우리 사이에 생긴 금기를 잘 지켜주던 그녀가 다시 내 작품에 대해 슬슬 돌려서 물어보기 시작했다.
나는 그녀의 질문에 답하지 않고 다른 이야기로 주제를 돌렸다.
그러자 그녀는 집착에 가까운 떼를 쓰는 메일을 보내왔다 .
"과거의 성공한 작업을 안일하게 지속하고 있나요?
그렇다면 당신은 자기 복제를 하고 있는 것이에요.
창작예술에서 자기 복제야말로 가장 형편없는 카피지요"
내 작품이 내 작품을 닮은 것이 자기 복제이며 카피라고?
나는 생떼에 가까운 어이없는 그녀의 주장에 몹시 화가 났다.
그따위 억지 주장에 답을 하는 것조차 가치 없는 일이며 시간의 낭비라고 생각되어 나는 그녀의 이메일을 블록을 쳐 버렸다.
고독한 내 생활 속에, 그녀와의 메일은 소소하고도 즐거운 일상이었는데 그조차 없어지자 나는 쓸쓸해졌다.
하지만 나는 평소처럼 나 혼자만의 세상으로 돌아왔을 뿐이다.
어차피 고독은 창작하는 사람에게는 필수의 미덕이다.
'씁쓸하고도 달큰한 고독'

고독은 개뿔!
나는 외로움을 이기지 못하고 밖으로 돌았다.
하루가 멀다고 작가들의 전시 오프닝에 참석하고 애프터까지 따라다니며 늦게까지 술을 마셨다.
밤새 다른 작가 혹은 미술 관계자들과 끝도 없는 수다를 떨었지만, 마음속은 허전했다.
예술에 대해 열변을 토하지만, 해결방법은 없는 다람쥐 쳇바퀴 도는 듯한 대화였다.
작업실에 벌써 한 달 넘게 발조차 디디지 않았다.

그러던 중 A에게서 다시 메일이 왔다.
분명 그녀의 메일을 블록 쳤는데 어떻게 온 거지?
어찌 된 일인가 했더니 그녀는 다른 메일 주소를 만들어 보낸 것이었다.
'흥청망청 그렇게 놀기만 할 것인가요? 실망입니다'
A는 나를 꾸짖으며 다시 압박해 왔다.
그녀는 나를 미행이라도 한 것일까?
내가 작업은 안 하고 놀고 있는 것을 어떻게 알고 있는 것일까?

# 감금

몹시 불쾌하기는 했지만 따끔한 그녀의 메일은 나를 자각하게 했다.

한 달여 만에 나는 작업실로 돌아왔다.

먼지가 소복한 어지러운 작업실을 보니 엉클어진 나의 머릿속같이 한심했다.

나는 팔을 걷어붙이고 캔버스와 물감 도구들을 정리하고 청소기를 돌리고 물청소까지 끝냈다.

반들거리는 작업실 바닥을 보자 내일부터 심기일전하고 작업을 다시 해야겠다는 의욕이 솟았다.

집으로 가려고 가방을 챙겼다.

그런데 작업실을 나가려는데 문이 열리지 않는다.

고장 난 것인가?

문고리를 꽉 잡고 힘껏 돌려 보았지만 헛돌아 갈 뿐 문은 꿈쩍도 안 한다.

1층 사람들을 불러 도움을 청하려고

소리도 질러보았지만 아무도 대답하는 사람이 없다.

그도 그럴 것이 이곳은 완전 방음 시설이 되어 있어 소리가 밖으로 나가지 못한다. 이전 세입자였던 밴드 연주자들이 방음 시설을 하고 연습실로 쓰였던 곳이었기 때문이다.

소음에 민감한 나는 이 방음 시설을 최대 장점으로 생각하고 지하치고는 조금 비싼 월세에도 불구하고 망설임 없이 선택했었다.

작업실로 쓰는 동안은 정말 조용해서 만족했었지만 지금 같은 위기상황에서는 내 목소리가 밖으로 들리지 않는다.

전화를 걸어 외부에 구조를 요청하고 싶지만, 그것도 할 수 없다.

작업실에 올 때는 일에 집중하기 위해 핸드폰과 노트북을 집에 두고 다니기 때문에 가방 안에는 지갑만 달랑 들어 있을 뿐이다.

당황해서 어찌할 줄 몰라 서성이는데 이런 와중에도 허기가 밀려든다.

선반에 간식으로 쟁여놓은 초코파이가 두 박스 보였다.

일단 소파에 앉아 초코파이 한 개를 입에 물고 정수기에서 뜨거운 물을 빼서 먹었다. 따스함과 달콤함이 불안감을 진정 시켜 주었다.

내 공간에 갇히다니 이상한 일이다

그런데 이 상황에 기가 막힌 작업의 아이디어가 번득 떠올랐다.

'하얗고 부드러운 오브제들이 공간에 부유'하는 이미지였다.

급히 아이디어를 스케치북에 대충 그리고 나니 내친김에 작업을 해야 할 것 같다. 감각이 살아날 때 하지 않으면 잃어버릴 것만 같았다.

나는 일단 나갈 생각을 접고 속히 작업을 시작했다.

작업의 몰입도는 역대 최고였다.

너무 잘 돼서 내친김에 이 작업을 끝내고 싶어졌다.

눈을 뜨면 작업을 하고 지치면 잠을 잤다.

며칠이 지난 것 같다.

여기는 창이 없는 지하라 해가 뜨고 지는 것을 정확히 알 수 없다.

초코파이도 다 떨어졌다. 먹을 거라고는 정수기의 물뿐이다.

이제 진심으로 걱정이 되었다.

문득 신문 배달을 위한 동그란 구멍이 생각났다.

왜 그 생각을 못 했지?

뚜껑을 열고 구멍에 대고 소리를 지르면 바깥으로 들릴 것이다.

그런데 계단을 올라가 보니 철문 구멍 앞에 비닐 포장된 동글

납작한 것들이 수두룩이 쌓여 있다.

초코파이였다.

주먹만 한 크기의 우유배달 구멍으로 누군가 동그란 초코파이를 잔뜩 밀어 놓은 것이다.

나는 신문 배달 구멍에 대고 소리를 질러보려고 그것들을 한쪽으로 밀고 구멍 덮개를 돌려봤다.

열리지 않는다.

누군가 고의로 나를 여기에 가두고 초코파이를 밀어 넣고 구멍을 막아버린 것이다.

대체 누가 이런 짓을 한 것일까?

나는 수북이 쌓인 초코파이를 빤히 보았다.

혹시 내가 환영을 보는 것일까?

초코파이를 한입 물어보았다. 달다. 환영은 아니다.


내 처지와 비슷한 장면이 생각난다.

뭐였더라? 아! 최민식이 주인공으로 나왔던 영화 올드보이!

거기서 주인공은 영문도 모르게 감금된 채 10년간 군만두만 먹었지.

영화 속 주인공은 악착같이 근육을 단련하며 체력을 길렀다.

자신을 가둔 적에게 복수를 위해서이다.


나는 여기서 초코파이만 먹고 있다.

그런데 나에게 복수할 적은 누구지?

나는 역작을 남기는 것만이 적에게 본때를 보여줄 복수가 되는 듯 열심히 작업을 했다.

사실 내가 원한다면 쇠문을 부수고라도 여기를 벗어날 수도 있었을 것이다.

작업실에는 망치와 톱같이 문을 부술 수 있는 연장들이 있다.

그렇지만 나는 그렇게 하지 않았다.

이렇게 된 김에 나를 악착같이 몰아 붙여 작업하도록 스스로를 압박하고 싶었다.

어느새 나는 내가 갇혀 있다는 것도 인지하지 못한 채

엄청난 작업량을 채우고 피곤해 쓰러졌다.

온몸은 누구에게 두들겨 맞은 것 같이 피로했지만, 쾌감이 밀려왔다.

갇힌 지 열흘쯤 된 것 같다.

정확하지 않지만, 그냥 그런 것 같다고 추측할 뿐이다.

이제는 진짜 밖으로 나가 내 일상을 찾고 싶다.

그런데 내 일상이 뭐였더라?

생각해보면 이전에도 나는 갇혀있는 지금과 크게 다르지 않은 생활을 해왔었다.

이런 생각을 하는 와중에 갑자기 앰블란스 사이렌 소리가 들렸다.

복잡스러운 길가의 소음도 들렸다.

후다닥 계단 쪽으로 달려가 보니 문이 활짝 열려 있다.

나는 밖으로 나가 한걸음에 집으로 도망쳐 왔다.

집에 돌아와서 나를 작업실에 감금했던 자는 누구였을까를 생각했다.

A가 제일 의심되었다.

그녀 외에는 주변에 나에게 관심을 가지거나 집착할 사람이 없기 때문이다.

그런데 감금사건에 대해서는 A를 의심하면서도 아이러니하게도 다른 한편으로는 A에게 다시 연락하고 싶어졌다.

갇힌 기간 동안 완성한 '부유하는 오브제' 시리즈를 A에게 보여주고 그녀가 어떻게 생각하는지를 간절히 알고 싶어졌다.

그렇지만 작품에 대해서는 언급하지 말자는 불문율을 만들었던 내가 먼저 연락할 수는 없는 일이다.


결국 나는 참지 못하고 오브제 작업의 이미지를 A에게 보냈다.

역시 그녀는 나의 진실한 팬이었다.

기쁘게도 그녀는 부유하는 오브제 작품에 대해 열광해 주었다.

나는 그녀에 대해 오해했었다.

그녀의 잔인할 만치 엄격했던 비평은 진심으로 나를 도우려는 것이었다.


A의 긍정적 반응에 고무되어 나는 부유하는 오브제를 발표하기로 했다.

이 시리즈를 미술계에서 내 것으로 인정받기 위해서는 개인전에 한 번에 보이는 것이 중요하다. 그룹 전에 질금질금 한 두어 점씩 발표하다가는 눈치 빠른 다른 작가에게 아이디어를 통째로 뺏길 위험이 있다.

개인전에서 이 프로젝트를 한 번에 전격으로 발표해야겠다.

마음이 바빠졌다.

나는 쉬지 않고 작업했고 6개월 만에 무려 30여 점에 이르는 작품을 완성했다.

3번째 개인전을 위한 준비가 다 되었다.


그간 조금의 휴식도 취하지 못했으므로 마실 삼아 화랑 가에 전시 구경을 하러 갔다.

늘 하던 데로 삼청동의 국립현대미술관과 유명 갤러리들 위주로 돌았다.

그냥저냥 볼만한 전시는 더러 있지만, 이거다 싶은 신선한 작품은 별로 없다.

그런데

아! 신선하다.

하지만 너무 익숙해 보인다.

공간에 하얀 오브제 이미지들이 부유하는 그림이었다.

놀랍게도 내가 발표하고자 했던 새 작품과 꼭 같은 작품이다.

어떻게 이렇게까지 완벽히 똑같은 작품이 있을 수 있는가?

사람의 머릿속에 든 생각이란 것이 다 거기서 거기인 부분이 있지만 이렇게까지 같을 수는 없다.

Z라는 이름의 잘생긴 젊은 남성 작가가 마침 전시장에 나와 있었다. 그는 이 작품으로 신진작가 공모전에 당선되어 개인전을 하고 있었다.

내가 작품을 발표하기도 전에 이미 Z가 내 작품과 똑같은 작품을 먼저 발표하고 게다가 상까지 받은 것이다.

내가 새 작품을 발표하면 신인 작가상을 수상했던 Z의 작업을 베꼈다는 누명을 쓰고 아류 작가로 전락하게 될 것이다.

어떻게 이런 일이 생길 수 있을까?

이제 새 작품을 발표할 수도 없게 되었다.

부유하는 오브제에 대해 알고 있던 사람은 A밖에 없는데

그녀가 내 작품의 아이디어를 Z에게 제공한 것일까?

이런 종류의 상황은 창작하는 세계에서는 드물지 않게 일어나는 일이다.

작업 발표 전에 남에게 아이디어를 말하는 것은 아둔한 자 들이나 하는 짓이다.

그렇기에 술자리에서 미발표작의 아이디어를 누설하는 수다스러운 작가들을 보면 속으로 경멸해 마지않던 내가 이런 실수를 하다니 어이가 없다.

# 중지하지 않는 법

나는 분노와 슬픔 그리고 자괴감으로 만신창이가 되어갔다.
어찌해야 할지 도무지 알 수가 없다.
잊어버려야지 하고 겨우 진정했다가도 발표할 수도 없게 된 그림들로 꽉 차 있는 작업실에 앉아서 그것들을 바라보면 부글부글 화가 끓어올랐다
나는 분노를 주체하지 못하고 부유하는 오브제 시리즈 30여 점을 박박 찢어 버렸다.

세상의 모든 것이 두렵고 위험해 보였다.
나는 어디로든 아무도 나를 건드릴 수 없는 곳으로 숨고 싶었다.

하지만 절망한 사람들이 하는 대로 술이나 여타의 자학적 방법으로 갈 수는 없다.
그런 것들은 결국 나를 더 위험에 빠뜨릴 뿐이라는 것을 나는 이미 알고 있다.

고민 끝에 나는 이불속에 숨었다.
여기서는 누구도 내 아이디어를 훔쳐 가거나 쓸데없는 평가로 나를 억압할 수 없다.
나는 머리끝까지 이불을 뒤집어쓴 채 그 속에서 자유롭게 작업을 구상했다.
자다 깨다 하는 수면과 비수면 사이의 안전한 시공간에서 맛볼 수 있는
창작의 쾌락을 위해 나는 종일 침대를 떠나지 못했다.
시간이 갈수록 나는 이런 생활은 게으르게 시간을 허비하고 있는 것이라는 죄책감이 들어 지독한 자기 환멸에 빠지게 되었다.
무위도식에 가까운 생활방식으로 체력도 몹시 약해지고
경제적으로도 파산 상태에 이르게 되었다.
결국 이런 생활이 나를 좌절에서 건져내 주지는 못한 것이다.

나는 총체적인 난국을 맞이했다.
하지만 이불 밖은 여전히 위험해 보였다.

나는 이불속에서 예술가를 위한 지침서를 다시 읽어 보았다.
거기에는 이렇게 쓰여 있었다.
'예술창조에 있어서 중요한 것은 난관을 극복하는 것이다.
근본적으로 예술작업을 해나가는 사람들은 지속하는 자들,
좀 더 정확히 말해 (중지하지 않는 법)을 배운 자들이라고 했다.
예술은 결국 시작하고 또 시작해야 하는 것이다'




나는 중지하지 않는 법을 배운 자가 되기로 했다.
'다시 시작하자'라고 마음을 먹는 순간 꿈속에서 보았던 이미지가 번뜩 떠올랐다.
침대 속에서의 칩거 생활은 결과적으로 완전히 쓸모없는 세월은 아니었던 것이다.
나는 용기를 내어 이불을 걷어차고 다시 작업실에 갔다.
그런데 막상 캔버스 앞에 앉아 그림을 그리려 하니 꿈속에서는 그토록 선명했던 이미지가 물리적인 색과 형태로는 명확히 그려내 지질 않았다.
내 무의식 속에 있는 그것들을 의식의 세계로 빼내야만 하는데 도무지 방법을 모르는 것이다.
양말을 뒤집어 펴듯이 무의식을 뒤집어 의식의 세계에 펼칠

수는 없는 것일까?

나는 어떻게든 그것들을 끄집어낼 방법을 찾아야 한다.

뒤집을 수 없다면 최소한 의식으로 연결된 통로가 어디엔가 있을 것이다.

통로를 찾는 중 에리히 케스트너의 '덫에 걸린 쥐'가 떠올랐다.

'원을 긋고 달리면서 너는 빠져나갈 구멍을 찾느냐?

알겠느냐? 네가 달리는 것은 헛일이라는 것을.

정신을 차려.

열린 출구는 단 하나밖에 없다.

네 속으로 파고 들어가거라.'

통로는 내 안에 있는 것이라는 말을 믿고 나는 내 속을 파고 들기로 했다.

내 마음속을 그리는 것이다.

나는 '빛과 그림자가 있는 텅 빈 공간'을 그렸다.

캔버스에 그려진 텅 빈 공간에는 아무것도 없고 오로지 빛과 그림자만 존재했다.

작업은 밤새 이어졌고 아침이 될 때쯤 그림이 완성되었다.

붓을 내려놓고 캔버스 앞에 마주한 순간 나는 가슴이 뭉클해지는 행복감이 들었다.

'걸작이다'라는 혼잣말이 절로 새어 나왔다.

비로소 안도하며 새벽의 찬 공기를 가르며 집으로 향했다.


죽은 듯이 잠을 자고 일어나니 빨리 작업실에 가고 싶어졌다.
간밤에 그린 빈방의 빛과 그림자를 다시 보고 싶어 가슴이 설레는 것이다.
달리듯 작업실에 도착해 그림을 마주한 순간 나는 내 눈을 의심했다.
간밤에 그렇게 걸작이라 생각했던 그림이 이것이 맞는가?
어젯밤에는 빛과 그림자의 완벽한 조화로 충만했던 아름다운 공간이 오늘은 다 사라지고 그냥 휑하니 텅 빈 공간만 남아있는 것이다.
밤의 멜랑코리한 분위기에 취해 내가 착각했던 것일까?
게다가 붓질도 너무 거칠어 보인다.
이상한 생각에 캔버스를 자세히 들여다보니 조악한 필치가 보인다.
분명 누군가 내 그림 위에 반투명의 무엇인가를 덧칠 한 것이다.
그 덧칠로 인해 그림은 미세먼지가 덮인 하늘처럼 뿌옇게 답답한 것이다.


나는 감금사건이 있고 난 뒤로 작업실 천장에 CCTV를 설치

했던 것을 떠올렸다.

파일을 돌려 보니 누군가 내 작업실을 들어 왔다가 나가는 영상이 찍혀 있었다.

가슴이 요동치고 피가 거꾸로 솟았다.

CCTV가 해상도가 낮아 얼굴이 제대로 보이지 않았지만

검은색 후드티로 머리를 덮은 젊은 여성인 것만은 분명해 보였다.

그간의 모든 사건이 이 여자의 소행인 것만 같다.

이 여자가 혹시 A 아닌가?

나는 한때 A를 믿을 만한 조언자며 든든한 지원군이고 또한 흉금을 터놓을 수 있는 친구로 생각했었다.

하지만 어느 순간부터 인가 나는 그녀에 의해 끔찍한 구렁텅이로 내몰리고 있다.

어쩌면 그녀는 나에게 집착하는 끔찍한 스토커가 아닐까?

적

그녀를 끊임없이 의심하느니 차라리 A를 직접 만나서 해결을 보자.
만나서 차라리 관계를 깨끗이 청산하는 편이 나으리라.
우리의 만남은 처음이자 마지막이 될 것이다.

나는 A에게 이메일을 썼다.
만날 장소로 작업실 근처 단골 카페 주소를 알려주었다.
A를 만나기로 한 날 긴 검은 머리를 고무줄로 하나로 묶고 늘 입는 대로 흰색 면 티셔츠와 스키니 청바지를 입었다.
그러고는 특별한 날에만 신는 초록색 워커를 꺼내 신었다.

약속장소에 너무 일찍 도착하는 바람에 커피를 먼저 주문했고 그녀가 오기도 전에 나는 아메리카노 한잔을 다 마셔 버렸다. 그런데 리필 커피를 한잔 더 마실 때까지도 그녀는 오지 않았다.
결국 A에게 바람을 맞았지만, 기분이 나쁘지 않았다.
오히려 오늘 그녀를 만나지 못한 것이 차라리 다행인 것 같은 생각이 드는 것이다.
엄밀히 보면 그간 일어났던 사건들이 그녀가 했을 것이라는 의심은 추측에 불과하고 확실한 증거는 없다. 어쩌면 내가 피해 의식으로 그녀를 쓸데없이 의심했던 것일 수도 있다.


고개를 숙인 채 초록색 워커의 끝만 바라보며 터덜터덜 집으로 걷고 있었는데 앞을 보니 어느새 작업실 앞이었다.
 나도 모르게 집이 아닌 작업실로 오게 된 것이다.
보통 주말 이 시간대에는 작업실에 오지 않지만 이왕 왔으니 화장실에도 가고 물도 마시고 잠시 쉬었다 가야겠다고 생각하고 들어갔다.
그런데 작업실의 문이 열려 있다.
분명 어제 문을 잘 잠그고 불을 끄고 집에 갔는데 문이 열려있고 형광등까지 훤하게 켜져 있었다.
누구인가 나 몰래 작업실에 침입한 것이다.
누구일까?

작업실에 나를 감금했던 사람?

아니면 내 그림 위에 덧칠했던 사람?

그 두 사건은 모두 한 사람의 소행일 가능성이 크다.

다리에 힘이 빠지고 손이 바들거렸다.

이번에는 현장에서 진짜 범인을 잡게 될지 모른다는 생각에 심장이 요동친다.

몹시 두려워졌다.

하지만 그 두려움을 맞설 만큼의 담대함이 난데없이 불끈 솟았다.

나는 두 주먹을 꽉 쥐고 사방을 천천히 둘러보았다.

인기척이 느껴졌다.

오른쪽 구석, 커튼을 쳐 놓은 창고 쪽이다.

발소리를 죽이고 가까이 다가가자 자주색 커튼 안쪽으로 숨을 참고 있는 사람의 호흡이 느껴졌다.

커튼 아래로 눈에 익숙한 초록색 워커가 보인다.

워커 위로는 스키니 청바지의 발목 부분이 보인다. 여자다.

그런데 뭐지?

적은 나와 같이 초록색 워커와 스키니 청바지를 입고 커튼 뒤에 서 있는 것이다 어떻게 내가 오늘 입은 옷을 똑같이 입은 것일까?

온몸에 소름이 돋았다.

이 여자는 나를 24시간 스토킹하는 것이 분명하다.

적을 잡고야 말겠다는 담대함은 사라지고 진짜 두려워졌다.
당장 이곳에서 도망가야 할 것 같다.
그런데 발이 콘크리트 바닥에 붙은 듯 꼼짝도 할 수 없었다.
온몸에서 일시에 땀을 분출하는지 전신이 젖어왔다.
적도 긴장하는지 커튼 안으로 워커를 신은 청바지의 호흡이 느껴졌다.

"누, 누구세요?"
적은 대답이 없다.
그녀 역시 마주 서서 자주색 커튼 뒤에서 꼼짝 않고 거친 숨을 몰아쉬고 있는 것이다.
그 뜨끈한 숨소리를 듣자 갑자기 핑하고 현기증이 일었다.
몹시 어지러워져 쓰러질 것 같아 커튼을 꽉 부여잡았지만 여기서 물러날 수는 없다.
나는 크게 숨을 들이키고 손에 힘을 주며 찢어 버릴 듯 한방에 커튼을 열어젖혔다.
거기에는 나의 적, 그녀가 있었다.
잔인하고도 간사했던 나의 적이 뻔뻔스럽게 버티고 서 있는 것이다.
검은 생머리를 뒤로 묶고 흰색 티에 스키니 청바지 그리고 초록색 워커까지 완벽하게 나와 꼭 같이 입었다.

그녀는 씽크로율 100%로 나와 완벽히 닮은 모습으로
다만 좌우가 바뀌어 있었다.
그리고 그녀의 전신에 도는 빛,
믿기 어려울 만큼 야비하게 반들거리는 표면의 광택에
숨이 턱 막히고 소름이 돋았다.
그녀의 눈은 아주 먼 곳을 응시하는 듯하고
혹은 길을 잃고 헤매는 눈빛 같기도 했다.
핏줄이 터질 듯 부릅뜬 적의 눈이 나의 눈과 마주쳤다.

포고\*의 말이 생각났다.

'적을 만나고 보니, 바로 나 자신이었다'\*\*

---

\* 포고(Pogo) : 1950년대 미국 만화가 월트 캘리가 창조한 만화 캐릭터
\*\* 적을 만나고 보니, 바로 나 자신이었다 : 'ART & FEAR(예술가여, 무엇이 두려운가!)' 에 인용된 만화 캐릭터 포고의 대사

이 소설은 '깊이에의 강요', 'ART & FEAR(예술가여, 무엇이 두려운가!)', '전혜린 수필집(그리고 아무 말도 하지 않았다)'에서 많은 영향을 받았다.